SANTOS
desde menino

Luís Pimentel

SANTOS
desde menino

Ilustrações
Amorim

Mauad X

O AUTOR

Luís Pimentel é jornalista e escritor. Tem livros publicados também para adultos – de contos, poesia e textos de humor, como os volumes da coleção *Piadas de Sacanear*. Mas sua produção maior é destinada ao público infanto-juvenil, em prosa e em versos, na qual se destacam *Bié doente do pé* (Ao livro técnico), *Cantigas de ninar homem* (Bertrand Brasil), *Hora do recreio* (Myrrha) e *Todas as cores do mar* (Global). Ah, sim: é flamenguista!

O ILUSTRADOR

Amorim (Carlos Alberto da Costa Amorim) começou a desenhar no semanário *O Pasquim* e colaborou com as principais publicações de humor do país. É ilustrador e cartunista, publica charges diárias em dezenas de jornais e revistas e "contraiu" diversos prêmios nacionais e internacionais. Segundo ele, "nada que não tenha sido resolvido com um chazinho". É músico (toca campainha) e ator (às vezes, finge-se de morto). Torce pelo Fluminense.

Copyright © by Luís Pimentel, 2012

Direitos desta edição reservados à
MAUAD Editora Ltda.
Rua Joaquim Silva, 98, 5º andar
Lapa — Rio de Janeiro — RJ — CEP: 20241-110
Tel.: (21) 3479.7422 — Fax: (21) 3479.7400
www.mauad.com.br

CIP-BRASIL. CATALOGAÇÃO-NA-FONTE

Pimentel, Luís, 1953-
Santos desde menino: A História e as histórias do Peixe tantas vezes campeão para os pequenos torcedores / Luís Pimentel; ilustrado por Amorim. - Rio de Janeiro: Mauad X, 2012.

il. - (Desde menino; v.8)
ISBN 978-85-7478-396-3

1. Santos Futebol Clube - História - Literatura infanto-juvenil.
2. Clubes de futebol - São Paulo (Estado) - Literatura infanto-juvenil.
3. Futebol - Brasil - Literatura infanto-juvenil. I. Amorim, 1964-. II. Título. III. Série.

CDD: 796.3340981531
CDU: 796.332(815.31)

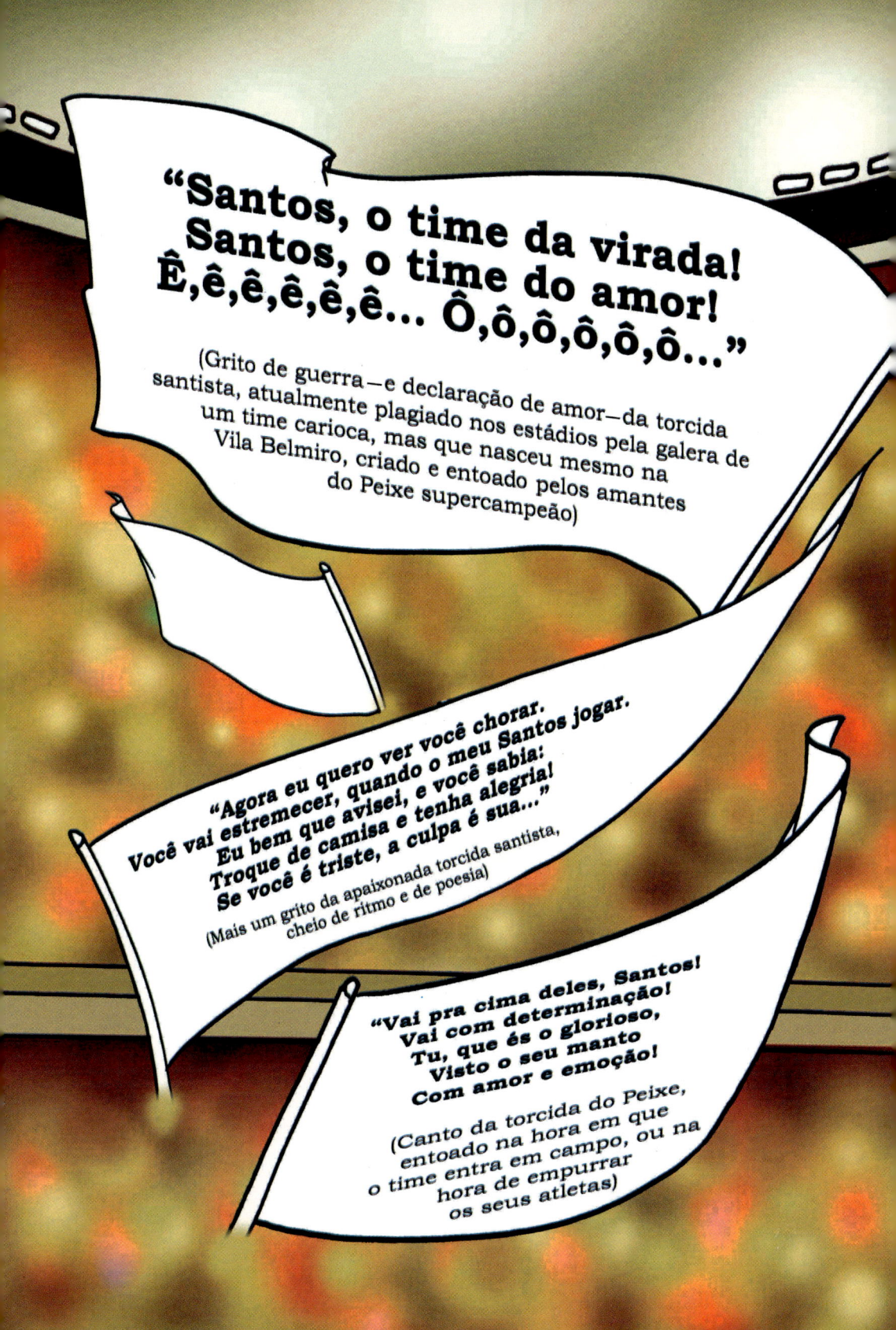

"Santos, o time da virada!
Santos, o time do amor!
Ê,ê,ê,ê,ê,ê... Ô,ô,ô,ô,ô,ô..."

(Grito de guerra — e declaração de amor — da torcida santista, atualmente plagiado nos estádios pela galera de um time carioca, mas que nasceu mesmo na Vila Belmiro, criado e entoado pelos amantes do Peixe supercampeão)

"Agora eu quero ver você chorar.
Você vai estremecer, quando o meu Santos jogar.
Eu bem que avisei, e você sabia:
Troque de camisa e tenha alegria!
Se você é triste, a culpa é sua..."

(Mais um grito da apaixonada torcida santista, cheio de ritmo e de poesia)

"Vai pra cima deles, Santos!
Vai com determinação!
Tu, que és o glorioso,
Visto o seu manto
Com amor e emoção!

(Canto da torcida do Peixe, entoado na hora em que o time entra em campo, ou na hora de empurrar os seus atletas)

Em 2012, o centenário do peixe!

Dia 14 de abril de 1912! Nesta data histórica, foi fundado o Santos Futebol Clube. Às vésperas das festas pelo centenário, o Peixe conquistou pela terceira vez a Copa Libertadores da América, e também mais um título de campeão paulista, para a vasta galeria!

A primeira apresentação do Santos, considerada como jogo-treino, aconteceu logo dois meses depois, no dia 23 de junho, no campo da Villa Macuco, na cidade de Santos (SP), contra um combinado local. Estreamos com vitória! O placar foi 2 a 1, com gols de Anacleto Ferramenta e Geraule Ribeiro. O time entrou em campo com Julien Fauvel; Simon e Ari; Bandeira, Ambrósio e Oscar; Bulle, Geraule, Esteves, Fontes e Anacleto Ferramenta.

Mais três meses se passaram, e o esquadrão santista fez o seu primeiro jogo tido como oficial, em 15 de setembro de 1912. Venceu uma equipe homônima, o Santos Athletic Club (atual Clube dos Ingleses), por 3 a 2, no campo da Avenida Ana Costa – local onde hoje se encontra a Igreja Coração de Maria e que todo santista conhece muito bem.

Logo no comecinho do ano seguinte, o Santos recebeu um convite da Liga Paulista de Futebol para disputar o campeonato estadual de 1913. Este foi o primeiro campeonato oficial disputado pelo Clube. A estreia aconteceu no dia 1º de junho, diante do Germânia. O resultado, porém, não foi nada animador: fomos derrotados. Mas os bravos atletas não desanimaram, continuaram firmes, mostrando que estavam certos na construção da estrada vitoriosa da agremiação. Tanto que, apenas três semanas depois, no dia 22 de junho, o time santista conquistava sua primeira vitória em um compeonato. E logo diante daquele que viria a se tornar seu maior rival: enfiamos uma goleada de 6 a 3 no Corinthians, em São Paulo.

Ainda em 1913, o primeiro de uma série de incontáveis títulos

O primeiro título de campeão conquistado pelo Santos foi em nível municipal. Em 1913 foi disputado, pela primeira vez, o Campeonato Santista de Futebol, contando com a participação, além do Santos, do América, Escolástica Rosa e Atlético. O alvinegro praiano foi o grande campeão, com seis vitórias em seis jogos, 35 gols pró e apenas sete contra. Esse foi o primeiro título da história do Clube.

Nossa história foi construída com muita luta. Os primeiros anos não foram fáceis, na batalha para a formação de um time capaz de enfrentar as grandes e já estruturadas equipes de futebol do estado. Assim, só no ano de 1935 o Santos conquistou o seu primeiro título de Campeão Paulista. Foi mais ou menos por essse período, rebatendo o deboche das torcidas adversárias, que chamavam os santistas de "peixeiros" (a atividade da pesca sempre foi intensa na cidade de Santos), que assumimos o "Peixe" como designação gloriosa e a baleia (por ser brava e guerreira) como símbolo oficial.

Em 1955, após 20 anos sem ser campeão paulista, o Santos voltou a conquistar outro título estadual. Na final da competição, vitória sobre o Taubaté por 2 a 1. A equipe foi formada por Manga; Hélvio e Feijó; Ramiro, Formiga e Urubatão; Tite, Negri, Álvaro, Del Vecchio e Pepe (ele mesmo, o grande Pepe, ídolo de várias gerações e responsável por tantas conquistas memoráveis.

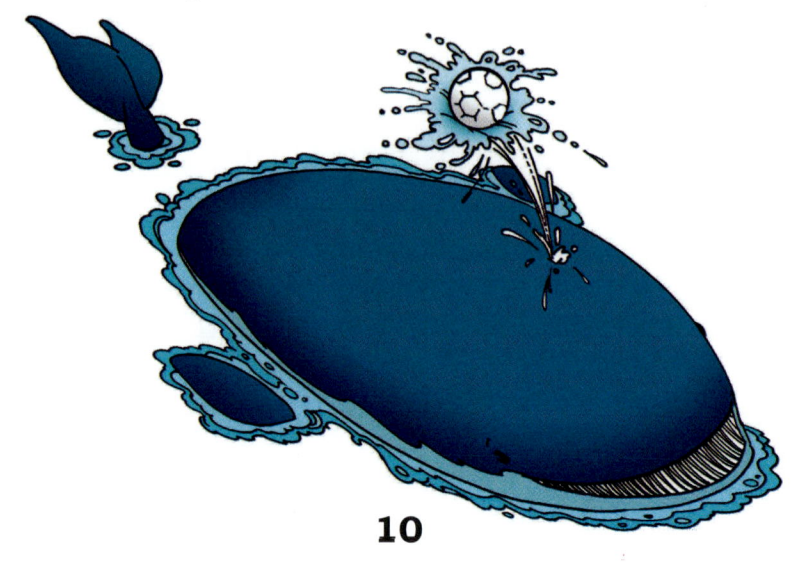

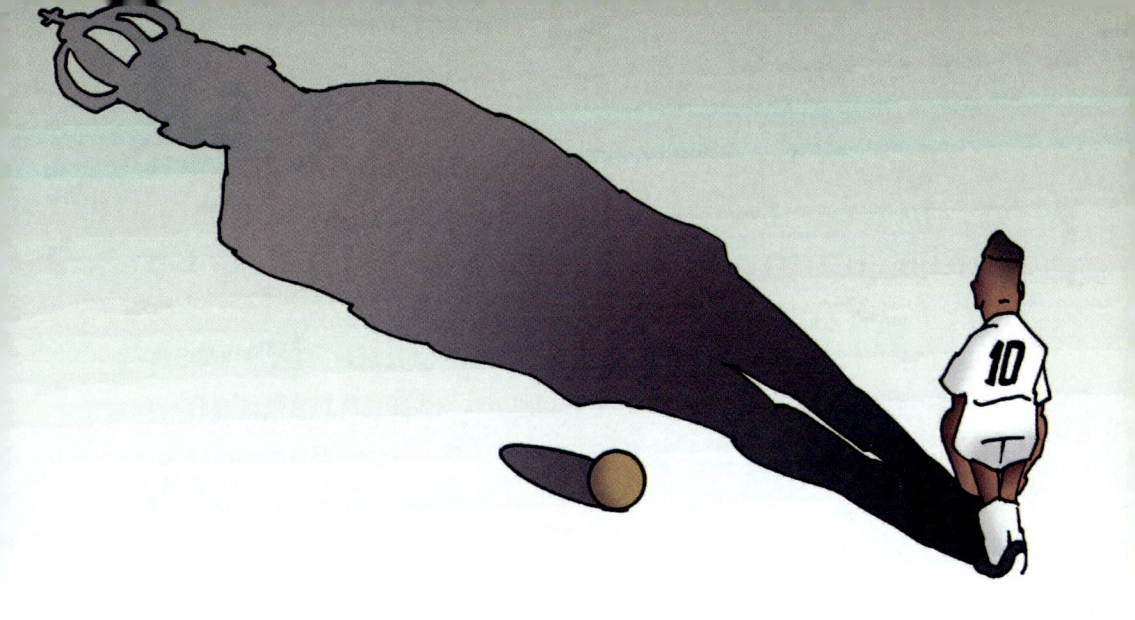

Pelé chegou e tudo mudou

Daí para a frente, tudo mudou: é que no ano seguinte chegaria à Vila Belmiro, trazido pelas mãos de Valdemar de Brito, o menino Pelé, de 15 anos, que deu um novo impulso à história do Santos, levando-o a conquistas que enalteceram o futebol brasileiro no planeta.

O Santos de Pelé fez seu nome no exterior. Praticamente deu a volta ao mundo, encantando torcedores com o futebol mágico de seus craques. Formou um ataque memorável: Dorval, Mengálvio, Coutinho, Pelé e Pepe. Nesse período, o Santos foi Bicampeão Mundial Interclubes (1962/1963) e Bicampeão da Taça Libertadores da América (1962/1963), entre tantas outras glórias.

Após a Era Pelé – na qual reinou imbatível no Brasil e no mundo –, o Santos Futebol Clube continuou seu caminho de glórias. Em 1978, formou um time campeão. Os Meninos da Vila (apelido que veio por conta da juventude dos atletas da equipe) conquistaram o Campeonato Paulista de 1978. Destacaram-se na época, entre outros, Juary, Pita e Ailton Lira. Vieram, então, títulos como o Paulista de 1984, o Torneio Rio-São Paulo de 1997 e a Taça Conmebol de 1998.

Em 2002, ano em que o clube completou 90 anos, o Santos conquistou, pela sétima vez, o principal torneio nacional (o Campeonato Brasileiro). O time que conseguiu a conquista foi, basicamente, formado dentro da Vila Belmiro. Os novos Meninos da Vila viraram febre no Brasil inteiro e a dupla Diego e Robinho se tornou símbolo de um futebol vistoso e alegre. No ano seguinte, com a base mantida, o Peixe chegou aos vice-campeonatos da Libertadores da América e do Campeonato Brasileiro.

Em 2004, o Peixe voltou a vencer o Campeonato Brasileiro, com nomes como Elano, Léo e Robinho. De lá para cá, mais três Paulistas foram conquistados: 2006, 2007 e 2010. O mais recente deles foi alcançado graças ao talento da terceira geração de Meninos da Vila, com destaque para Ganso, Neymar, André, Felipe e o Rei das Pedaladas, Robinho.

O preto no branco: a simplicidade comovente de nossas cores

Poucos sabem, pouquíssimos devem se lembrar, mas nos seus primeiros meses de vida o Santos era tricolor, tendo como cores oficiais o branco e o azul, com frisos dourados. Na prática, porém, os dirigentes do Santos encontravam enormes dificuldades para confeccionar camisas e calções nessas cores. Esse problema fez com que esse assunto sempre fosse questionado.

Quase um ano depois da fundação, no dia 31 de março de 1913, na terceira reunião da diretoria, o sócio Paulo Peluccio sugeriu que o clube passasse a adotar o seguinte uniforme: calção branco e camisa listrada de branco e preto. E conseguiu a aprovação geral dos presentes. Na oportunidade, o então presidente do Santos, Francisco Raymundo Marques (que assumia o cargo na mesma data), apresentou os modelos da bandeira do clube, que passaria a ser "branca, diagonalmente atravessada por uma faixa preta com as iniciais do Club em letras brancas".

Um orgulho que nem todos podem ter

(Autor: Carlos Henrique Roma)

Sou alvinegro da Vila Belmiro
O Santos vive no meu coração
É o motivo de todo o meu riso
De minhas lágrimas e emoção.
Sua bandeira no mastro é
a história
De um passado e um presente
só de glórias
Nascer, viver e no Santos morrer
É um orgulho que nem todos
podem ter.
No Santos pratica-se o esporte
Com dignidade e com fervor
Seja qual for a sua sorte
De vencido ou vencedor.
Com técnica e disciplina
Dando o sangue com amor
Pela bandeira que ensina
Lutar com fé e com ardor.

Esse, ao lado, é o hino oficial! Mas este, abaixo, criado pela torcida, é o mais cantado nos estádios:

**Agora quem dá bola é o Santos
O Santos é o novo campeão
Glorioso alvinegro praiano
Campeão absoluto deste ano
Santos! Santos sempre Santos
Dentro ou fora do alçapão
Jogue onde jogar
És o leão do mar
Salve o nosso campeão!**

Os nossos títulos inesquecíveis

Títulos Internacionais
Mundial Interclubes – 1962 e 1963
Recopa Mundial – 1968
Copa Conmebol – 1998
Copa Libertadores da América – 1962, 1963 e 2011

Campeonatos brasileiros
1961, 1962, 1963, 1964,
1965, 1968, 2002 e 2004

Copa do Brasil
2010

Torneio Rio-São Paulo
1959, 1963, 1964,
1966 e 1997

Campeonatos estaduais
1935, 1955, 1956, 1958,
1960, 1961, 1962, 1964,
1965, 1967, 1968, 1969,
1973, 1978, 1984, 2006,
2007, 2010 e 2011.

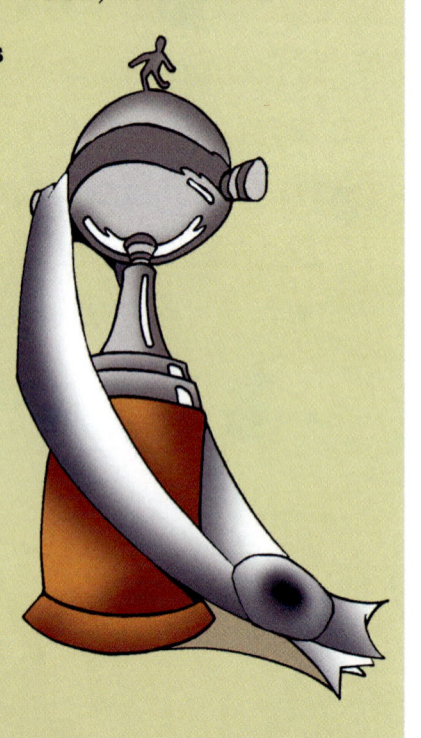

Copa Paulista
2004

Para os títulos que ainda virão *(complete aqui)*
20... Campeão do (a)..
20... Campeão do (a)..
20... Campeão do (a)..
20... Campeão do (a)..
20... Campeão do (a)..

Os maiores ídolos da história do Tricolor Paulista
(para sempre devem ser lembrados)

Gilmar
Goleiro
1962 a 1969

Carlos Alberto
Lateral direito
1965 a 1975

Calvet
(Raul Donazar Calvet)
Zagueiro
1960-1964

Jair da Rosa Pinto
Meia-armador
1956 a 1960

Pepe
(José Macia)
Ponta-esquerda
1954 a 1969

Clodoaldo
(Clodoaldo dos Santos
Andrade)
Meia-armador
1966-1980

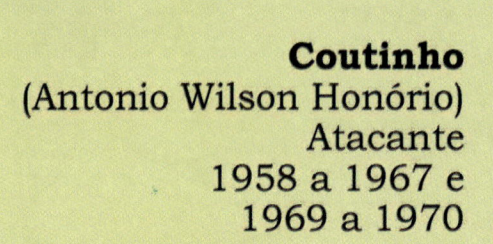

Coutinho
(Antonio Wilson Honório)
Atacante
1958 a 1967 e
1969 a 1970

Dorval
(Darval dos Santos)
Ponta-direita
1956 a 1957 e 1964 a 1967

Mengálvio
(Mengálvio Pedro Figueiró)
Meio-campo
1960 a 1969

Edu
(Jonas Eduardo)
Ponta-esquerda
1966 a 1976

Serginho Chulapa
(Sérgio Bernardino)
Ponta de lança
1983 a 1984,
1986 a 1988 e
1988 a 1990

Ganso
(Paulo Henrique
Chagas de Lima)
Meia-armador
Desde 2009

Robinho
(Robson de Souza)
Atacante
2002 a 2005 e 2010

Neymar
(Neymar da Silva
Santos Júnior)
Atacante
Desde 2009

Pelé: um capítulo à parte na história do Santos, da Seleção Brasileira e do futebol

Quando marcou o seu milésimo gol, em 1969, no Estádio do Maracanã, no Rio de Janeiro, aquele que já era conhecido em todo o Brasil como o Rei Pelé (Edson Arantes do Nascimento) tinha 29 anos de idade. Ele, que nasceu em 1940 na cidade de Três Corações, em Minas Gerais, gravava ali de vez o seu nome na história do futebol mundial como o maior atleta de todos os tempos. Em 1970, conquistando o tricampeonato mundial para o Brasil (já participara das duas campanhas vitoriosas anteriores, em 1958, na Suécia, e em 1962, no Chile), provava que o mundo não estava equivocado e que ele era mesmo o maior atleta de todos os tempos.

Trajetória

Em 1945, a família de Pelé mudou-se do interior de Minas para Bauru, no interior de São Paulo. Com 10 anos de idade, o futuro Rei do Futebol já jogava em times infanto-juvenis, como o Canto do Rio, Ameriquinha e Baquinhos. O pai, que também fora jogador de futebol na juventude, estimulou-o a montar o seu próprio time: chamou-o de Sete de Setembro. Para adquirir material, como bolas e uniformes, os garotos do time chegaram a vender produtos em entrada de cinema e praças. Pelé trabalhava como engraxate.

Descoberto aos 11 anos pelo jogador Waldemar de Brito, Pelé foi convidado a jogar no Bauru Atlético Clube. O mesmo Waldemar o apresentou à Vila Belmiro, no dia 8 de agosto de 1956, dizendo: "Este menino vai ser o melhor jogador de futebol do mundo". Assim começou a carreira de Pelé no Santos Futebol Clube, estreando em uma partida amistosa, cujo resultado foi Santos 7 x 1 Corinthians de Santo André (com um gol dele).

A consagração do mito veio na Copa do Mundo da Suécia, em 1958, quando o Brasil foi pela primeira vez campeão mundial. Pelé marcou seis gols. Na Copa do Chile, em 1962, sofreu uma distensão muscular no jogo contra a Tchecoslováquia, e deu adeus ao torneio, que consagrou o Brasil como bicampeão mundial.

    Pelé participou ainda da Copa de 1966, na Inglaterra, e da Copa de 1970 no México, quando a seleção trouxe novamente para o Brasil a taça Jules Rimet, e o menino que despontou no Santos entrou definitivamente para a História como o maior fenômeno da bola em todos os tempos.

O maior espetáculo da terra

O futebol é um esporte de origem inglesa, que chegou ao Brasil no século XIX, mais precisamente no ano de 1894. Foi trazido por Charles Miller, um jovem inglês que veio pequeno para a cidade de Santos, em São Paulo. Na juventude, Charles fora enviado pelo pai, o escocês John Miller, para fazer os estudos secundários em Southampton, na Inglaterra. Não se sabe se o jovem Charles aprendeu a

Engenharia que o pai tanto queria, mas, com certeza, voltou para o Brasil um craque absoluto na novíssima atividade esportiva que era a sensação em toda a Grã-Bretanha, o *Foot-ball*.

O próprio Charles Miller foi um bom jogador de futebol. Aprendeu a dar os primeiros dribles durante os estudos na Inglaterra, atuando pela equipe do St. Mary's (clube que, segundo o jornalista e pesquisador inglês Alex Bellos, é o antecessor do atual Southampton F.C.), e aprimorou sua técnica no Brasil, atuando em recém-criadas equipes paulistas. Alex Bellos garante, inclusive, que a famosa jogada que ficou conhecida como *chaleira* (artimanha em que o atleta domina a bola com a perna dobrada para trás) não passa de uma corruptela de "Charles".

    O primeiro clube de futebol do Brasil teria sido fundado, segundo pesquisas, no ano de 1900, no Rio Grande do Sul, por colonos alemães que ali viviam – muito provavelmente, descendentes de outros "Millers" que teriam passado pela Inglaterra. Os times do Rio de Janeiro e de São Paulo aparecem no comecinho do século XX, e em 1910 o futebol já era o esporte mais popular do Brasil. Segundo o mesmo Bellos, já nessa época "o Rio possuía mais campos de futebol do que qualquer outra cidade da América do Sul".

Daí para cá, foi o que se viu. O esporte deu ao país, até 2008, cinco campeonatos mundiais (1958, 1962, 1970, 1994 e 2002). Também revelou jogadores considerados fenomenais pelo mundo inteiro – como Leônidas da Silva, Zizinho, Pelé, Garrincha, Nilton Santos, Zico, Roberto Dinamite, Renato Gaúcho, Falcão, Rivelino, Ademir da Guia, Júnior, Rivaldo e Ronaldo, entre outros – e continua sendo a grande paixão de inúmeras gerações de torcedores, que amam o futebol, desde meninos.

Coleção **"Desde Menino"**

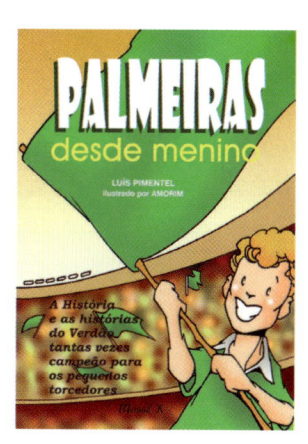

Características deste livro:

Formato: 16cm x 23cm

Tipologia: Bookman Old Style 16/18

e Bookman-Demi 24/25

Papel: Couché Fosco 115g/m² (miolo)

Cartão Supremo 250g/m² (capa)

1ª edição: 2012

Impressão: Sermograf

Para saber mais sobre nossos títulos e autores,
visite os nossos sites:

www.mauad.com.br

www.livrox.com.br